J'adore les Câlins

Camilla de la Bédoyère

Texte français d'Isabelle Montagnier

Éditions SCHOLASTIC

Tout le monde adore
les câlins, même
les animaux!

Quand on fait
un câlin, on en
reçoit un en retour.

Ainsi, les câlins offrent
une sensation de sécurité,
de détente, de chaleur
et de bien-être.

Nous aimons nous serrer fort les uns contre les autres.

Nous faisons semblant de nous bagarrer, puis nous échangeons un câlin amical.

Les éléphanteaux adorent jouer. Comme beaucoup d'autres jeunes animaux, ils aiment faire semblant de se battre et jouer aux durs.

Mon papa me fait un gros câlin comme ça!

J'adore la chaleur et la douceur des plumes de son ventre.

Les manchots empereurs vivent près du pôle Sud et doivent affronter la neige, la glace et des vents violents. Les poussins restent assis sur les pattes de leur père. Son ventre duveteux les tient bien au chaud.

J'adore faire des **câlins.**

Je me sens en sécurité quand je me blottis contre ma **maman.**

Je sais qu'elle s'occupera de **moi.**

Quand les bébés lémurs naissent, ils s'agrippent au ventre de leur mère. Une fois qu'ils sont assez grands, ils s'accrochent à son dos pendant qu'elle bondit d'une branche à l'autre.

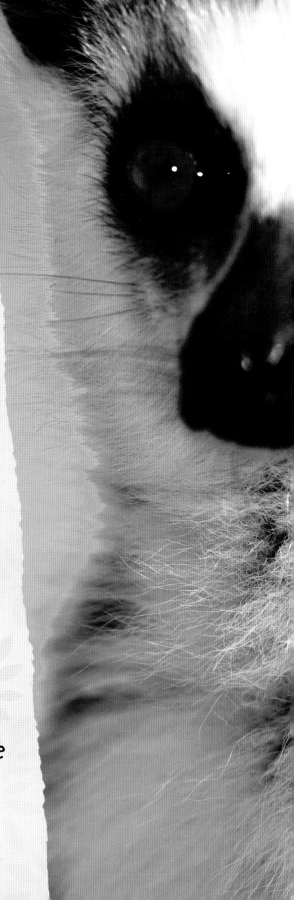

Les meilleurs câlins sont ceux des gros nounours.

Une ourse polaire donne généralement naissance à deux bébés à la fois et elle est prête à se battre pour les protéger. Les oursons se bousculent pour s'amuser et pour s'entraîner à chasser.

Nous adorons nous faire des câlins au moment du dodo.

On s'endort plus facilement quand on sait qu'on est aimé.

Les loutres de mer passent la majorité de leur temps dans l'eau. Elles se tiennent souvent la patte quand elles dorment. Les mères serrent leurs bébés contre leur ventre.

Quand un ami est triste,

prends-le dans tes bras et

serre-le tendrement.

Les gibbons à joues blanches du Nord changent de couleur. Quand ils naissent, leur pelage est beige, mais il devient noir au bout de deux ans. Par la suite, le pelage des femelles redevient beige.

Le monde est moins effrayant quand tu as quelqu'un à câliner.

Les suricates forment des familles nombreuses. Ils vivent dans des terriers, mais ils retournent à la surface pour chercher de la nourriture. Des guetteurs restent toujours devant les terriers, à l'affût du danger.

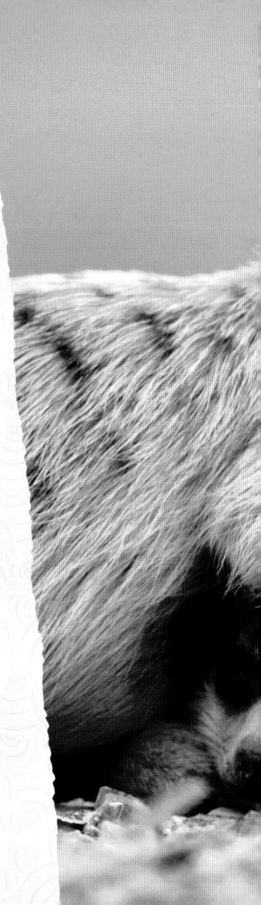

Mon frère et moi, nous adorons **câliner** les arbres! Parfois, nous nous donnons la main, cela nous **fait chaud au cœur.**

Les mères ratons laveurs ont généralement une portée de trois à sept bébés par an. Elles s'installent dans des arbres creux ou des souches pour s'en occuper.

Mon papa me cajole.

C'est sa façon de me montrer qu'il m'aime.

Le lion s'occupe de ses lionceaux pendant que la lionne chasse. Les lionceaux agacent souvent leur père, mais le lion se contente de les repousser doucement quand ils deviennent trop énervants!

Nous adorons nous serrer l'un contre l'autre.

Nous appelons ce câlin notre « couverture chauffante »!

Les macaques japonais vivent dans des régions froides et enneigées. Ils se réchauffent en se baignant dans des sources chaudes et en se faisant des câlins!

Je sais que ma maman m'aime parce qu'elle me le **dit** **quand elle** me **serre** dans ses bras.

Les chimpanzés sont les animaux les plus proches des humains. Ce n'est donc pas surprenant qu'ils aiment autant les câlins que nous. Ils adorent aussi jouer, se chatouiller et se faire des bisous!

Maman dort, mais je peux tout de même me blottir contre elle...

S'occuper de ses nouveau-nés représente beaucoup de travail pour la tigresse. À leur naissance, ils sont aveugles et vulnérables, alors elle doit tout faire pour eux. Les bébés tigres apprennent à chasser lorsqu'ils ont environ six mois.

Nous adorons les câlins de groupe.

Tout le monde peut y participer...

Les bébés orangs-outangs restent avec leur mère jusqu'à l'âge de dix ans. Ils adorent jouer, se tenir la main, se faire des câlins et des bisous.

Un **câlin** vaut mille mots. Nul besoin de parler quand nous nous **serrons** l'un contre l'autre comme cela.

À la naissance, les pandas sont minuscules et ne pèsent pas plus qu'une pomme. Tout d'abord, les bébés tètent le lait de leur mère. Plus tard, ils apprendront à trouver du bambou et à le manger.

Voici trois bonnes raisons de faire des câlins :

Un câlin est une façon de montrer à quelqu'un qu'on l'aime.

♥

Un câlin est un geste chaleureux qui rassure.

♥

Un câlin vaut mille mots.

Peux-tu penser à d'autres raisons?

Catalogage avant publication de Bibliothèque et Archives Canada

De la Bédoyère, Camilla
[I love hugs. Français]
    J'adore les câlins / Camilla de la Bédoyère ; texte français d'Isabelle Montagnier.

Traduction de : I love hugs.
ISBN 978-1-4431-3824-6 (couverture souple)

    1. Étreinte--Ouvrages pour la jeunesse. 2. Comportement social chez les animaux--Ouvrages pour la jeunesse. I. Titre. II. Titre : I love hugs. Français

QL775.D45 2014   j591.56   C2014-903419-9

Édition publiée par les Éditions Scholastic, 604, rue King Ouest, Toronto (Ontario) M5V 1E1.

5 4 3 2 1   Imprimé en Chine   CP141   15 16 17 18 19

Références photographiques
(h = haut, b = bas, c = centre, g = gauche, PC = page de couverture)
1c : naturepl.com : Eric Baccega, 2c : Foto Natura : Flip De Nooyer, 3d : Shutterstock : arrière-plan, 4g : Shutterstock : arrière-plan, 5d : naturepl.com : Tony Heald, 6c : Frans Lanting Stock; Frans Lanting, 7d : istockphoto.com : arrière-plan, 8g : Shutterstock : arrière-plan, 9d : naturepl.com : Anup Shah, 10c : FLPA : ImageBroker, 11d : istockphoto.com : arrière-plan, 12g : Shutterstock : arrière-plan, 13c : FLPA : Suzi Eszterhas, 14c : FLPA : Christian Hütter, 15d : Shutterstock : arrière-plan, 16g : istockphoto.com : arrière-plan, 17d Getty Images; (c) Paul Souders, 18c : Minden Pictures : Tim Fitzharris, 19d : Shutterstock : arrière-plan, 20g : Shutterstock : arrière-plan, 21c : Minden Pictures : Suzi Eszterhas, 22c : Foto Natura : Stephen Belcher, 23d : Shutterstock : arrière-plan, 24g : istockphoto.com : arrière-plan, 25d : Corbis © Frans Lanting, 26g : FLPA : Suzi Eszterhas, 27d : Shutterstock : arrière-plan, 28g : Shutterstock : arrière-plan, 29d : FLPA : Mitsuaki Iwago, 30g : ZSSD, 31d : Shutterstock : arrière-plan, 32c : Shutterstock : arrière-plan, hg : © Biosphoto : Michel & Christine